VALORACIÓN DE LAS AMENAZAS A TRAVÉS DE TEXTOS ESCRITOS

ANA ISABEL ÁLVAREZ APARICIO

LUIS GIL TOSCO

JANA MENA GONZÁLEZ

VALORACIÓN DE LAS AMENAZAS A TRAVÉS DE TEXTOS ESCRITOS

ANA ISABEL ÁLVAREZ APARICIO

LUIS GIL TOSCO

JANA MENA GONZÁLEZ

GRUPO CRIMINOLOGÍA Y JUSTICIA

CRIMINOLOGÍA Y JUSTICIA EDITORIAL

Valoración de las amenazas a través de textos escritos

ANA ISABEL ÁLVAREZ APARICIO, LUIS GIL TOSCO, JANA MENA GONZÁLEZ

1º EDICIÓN: ABRIL 2014 (PALMA DE MALLORCA)

Edición a cargo de:
GRUPO CRIMINOLOGÍA Y JUSTICIA

A través de:
CRIMINOLOGÍA Y JUSTICIA EDITORIAL

Ilustración de cubierta: Anonymous Account http://goo.gl/1RLFjV

www.grupo.crimyjust.com
dirección@crimyjust.com

iii

Agradecimientos: a Juan Enrique Soto Castro, Jefe de la Sección de Análisis de Conducta de la Unidad Central de Inteligencia Criminal del Cuerpo Nacional de Policía, por todo el apoyo brindado y sin el cual este libro no hubiera sido posible. A Mercedes Reigosa Riveiros, miembro del Laboratorio de Acústica Forense de la Policía Científica y José Alberto Carba González, Jefe de la Sección de Secuestros y Extorsiones del Cuerpo Nacional de Policía, que tan generosamente nos cedieron su tiempo y cuyo material aportado resultó de indudable valor para la realización del presente trabajo.

Índice

PRÓLOGO

El peligro potencial que toda amenaza grave contra las personas o los bienes, conculcando bienes jurídicos protegidos por nuestro ordenamiento jurídico puede suponer, justifica la necesidad imperiosa de disponer de unos recursos que permitan su evaluación y posterior valoración con el objetivo último de neutralizarla si se va a materializar.

Las amenazas pueden proferirse de diversos modos, pero normalmente causan por sí mismas un importante quebranto en las personas que las reciben. Se convierten así en una modalidad delictiva de gran impacto para las víctimas y una necesidad de primer orden para las Fuerzas y Cuerpos de Seguridad del Estado que han de investigarlas.

En la realidad policial de este tipo de fenómenos los investigadores policiales se encuentran ante una doble demanda. Por un lado, identificar al autor de la amenaza en aquellos casos en que la misma se realiza de forma anónima, para dilucidar las responsabilidades penales derivadas del hecho, dando cumplimiento así al mandato legal de investigar los delitos; por otro lado, y quizá aún más perentoria que la anterior, valorar si de la amenaza proferida puede seguirse, con carácter más o menos inmediato, un comportamiento violento que ponga en peligro la integridad física y mental de la víctima o sus allegados o de sus bienes.

Las amenazas son una realidad creciente, en particular aquellas realizadas de forma enmascarada o anónima o en nombre de grupos o colectivos, disimulando la autoría particular de los individuos, que vienen favorecidas por el anonimato que facilita un mundo cada vez más globalizado. En este contexto, se hace cada vez más necesaria la existencia de instrumentos efectivos y eficaces, que permitan valorar la credibilidad de una amenaza, en un primer momento, y valorar el riesgo de que se hagan realidad en uno posterior, de cara a prevenir un daño indeseable.

Desde la práctica profesional y desde las demandas de los profesionales operativos que solicitan la colaboración de los analistas de conducta para valorar desde un punto de vista psicológico y policial las amenazas que se han de investigar, se viene advirtiendo que no existen protocolos establecidos desde el rigor metodológico para analizar las amenazas realizadas de modo anónimo a través de escritos, de tal modo que el análisis del mismo se ha de realizar desde la experiencia y los conocimientos personales del analista encargado de cada caso. La ausencia de un protocolo impide estandarizar el método de análisis y su posterior valoración y refinamiento en función de los resultados obtenidos en análisis ya realizados, con lo que se pierde la eficacia derivada de estudios contrastados y protocolos elaborados en base a la experiencia previa, científicamente probada.

La demanda de las unidades operativas es clara al respecto de las amenazas anónimas realizadas por escrito. Desean saber si la amenaza en sí puede ser creíble y si el autor de la amenaza supone un peligro inmediato, respuestas que condicionan el dispositivo policial que se ha de elaborar para dar respuesta a la situación planteada. Responder a estos interrogantes se ha convertido en una necesidad actual para los miembros de las

Fuerzas y Cuerpos de Seguridad del Estado, pero para ello se precisan métodos de trabajo que permitan un análisis riguroso de los textos, basándose en los conocimientos actuales en la materia y en la experiencia de campo de los investigadores y analistas, un método que, además, debe ser susceptible de transmisión formativa a otros analistas, de modo que el cuerpo de conocimientos que lo sustentan pueda ser empleado en diferentes momentos y lugares por el personal especializado.

En el marco de esta necesidad acuciante aparece la presente obra, un estudio riguroso y exhaustivo del estado actual y la valoración de las amenazas, demostrando que este campo de estudio tan reciente como relevante ha de ser abordado con rigor y entusiasmo. Los autores de esta obra rebosan ambas características: el rigor que les ha permitido elaborar una revisión de primer nivel y el entusiasmo por abrir camino en la materia.

Una obra fundamental, seria, ilusionante y de calidad.

Juan Enrique Soto

INTRODUCCIÓN

Si entendemos por amenaza, "el delito consistente en intimidar a alguien con el anuncio de la provocación de un mal grave para él o su familia" (RAE, 2001), tipificado en el Capítulo II del Título VI del Libro II del Código Penal de 1995 (artículos 169 a 171) vemos cómo son dos, básicamente, los bienes jurídicos tutelados: el sentimiento de tranquilidad, que afecta a todos los supuestos, y el ataque a la libertad en la formación de la voluntad, que se ve afectado, fundamentalmente, en los supuestos de amenazas condicionales. Así, en base a la legislación española vigente, podríamos hablar de amenazas graves de tipo básico, condicionales[1] y no condicionales[2] (donde, en ambos casos, el delito de amenazas se consuma cuando el propósito del agente de causar un mal llega a conocimiento del ofendido), y de tipo agravado[3]; y de amenazas menos graves.

---

[1] En el artículo 169.1 del Código Penal se regulan las amenazas de un mal constitutivo de delito, cuando se exige una cantidad o se impone cualquier otra condición, aunque no sea ilícita. Lo constitutivo de delito es el mal con que se amenaza, y no la condición que se impone, que puede ser perfectamente lícita.
En dicho artículo se contempla además un subtipo agravado, debido a la mayor capacidad para quebrar la libertad de obrar del sujeto pasivo, para todos los casos de amenaza condicional de un mal delictivo, se obtenga o no la condición impuesta, cuando la amenaza se hiciera por escrito, por teléfono o por cualquier medio de comunicación o de reproducción, o en nombre de entidades o grupos reales o supuestos.

[2] Se regulan en el artículo 169.2. del Código Penal El comportamiento típico únicamente afectará al sentimiento de tranquilidad del sujeto, sin que necesariamente haya de suponer interferencia alguna en su proceso motivacional.

[3] Recogidas en el artículo 170 del Código Penal, la agravación se aplica tanto cuando la amenaza va dirigida a atemorizar a los habitantes de una población, como a grupos étnicos o un amplio grupo de personas.

Si nos centramos en las aportaciones realizadas por expertos en la materia, como Fitgerald (2007), vemos como "una comunicación amenazante se define como una declaración, ya sea verbal o escrita, que manifiesta o sugiere que va a ocurrir algún incidente dañino que afectará negativamente al destinatario de la amenaza, a alguien o algo relacionado con él/ ella o a otras personas o propiedades".

En este sentido, las amenazas pueden tener varios propósitos: infundir temor, ya sea por el mero hecho de intimidar a la víctima o para conseguir una acción por su parte que beneficie al amenazador (material o simbólicamente), dar rienda suelta a la ira, llamar la atención, demostrar la firmeza de sus intenciones, etc. En cualquier caso, la persona que profiere la amenaza pretende obtener poder sobre el destinatario de ésta, que queda bajo su control. Así, en una comunicación amenazante, el autor manifiesta sus sentimientos personales, emociones e intenciones y realiza juicios de valor sobre el destinatario o sobre la demanda realizada en su declaración. Esto se conoce en lingüística forense[4] como "postura de un autor", de la que se hablará más detalladamente en el presente trabajo.

De forma análoga a la clasificación realizada en el Código Penal español, Fitgerald (2007) habla de varios tipos de amenazas: directas, condicionales y veladas o indirectas.

Las amenazas directas no están sujetas a condiciones y en

---

[4] Rama de la Lingüística Aplicada, que se encarga de estudiar los diversos puntos de encuentro entre el lenguaje y la ley y de aportar evidencias lingüísticas en los procesos judiciales.

su formulación se utiliza un lenguaje explícito, que no da lugar a equívocos, considerándose grave cuando se identifica claramente el tipo de acción amenazada (por ejemplo asesinato, envenenamiento, lesiones) , el método con el que se llevará a cabo la amenaza (por ejemplo efectuar disparos con un arma, envío de sustancias químicas tóxicas o la colocación de una bomba), el objetivo al que va dirigido (una persona o conjunto de personas o una propiedad) y el momento y lugar concretos en que se producirá el incidente.

Por su parte, las amenazas condicionales están relacionadas directa o indirectamente a una demanda, y suelen ser formuladas como una proposición sujeta a que la víctima realice la petición solicitada. Este tipo de amenazas son evaluadas como más o menos graves dependiendo de la verosimilitud, el grado de planificación y la cantidad de detalles manifestados sobre la acción amenazada.

Por último, las amenazas veladas, que son las más difíciles de evaluar, suelen tener un tono de advertencia o reproche, utilizándose habitualmente un lenguaje vago e impreciso, con frases simbólicas y, en ocasiones, sin sentido, que dificultan su identificación y la estimación de su peligro potencial.

Como puede apreciarse, y así manifiestan la mayor parte de investigadores, las amenazas son una realidad creciente, en particular aquellas realizadas de forma enmascarada, que vienen favorecidas por el anonimato que facilita un mundo cada vez más globalizado. En este contexto, se hace cada vez más necesaria la existencia de instrumentos efectivos y eficaces, que permitan valorar la credibilidad de una amenaza, y por tanto, la posibilidad de llevarse a la práctica. Es precisamente en este punto donde se encuadra nuestro trabajo. Así, siguiendo a expertos en la materia como Fitgerald (2007), se hace necesario, como primer paso, examinar el contenido de las amenazas, es decir, lo que se dice, el motivo aparente y las características del autor que se reflejan en la declaración, para, a continuación, proceder a su evaluación.

El presente trabajo tiene, por tanto, por objeto, dotar al lector de una visión global sobre el estado actual de la evaluación de amenazas, entendiendo estas, como un peligro potencial que debe evaluarse, valorarse, y, en su caso, atajarse. A tal fin, y en base a las aportaciones de diversos autores, y a la escasez de estudios al respecto, trataremos de realizar una primera aproximación a lo que entendemos, deben ser unos parámetros objetivos a tener en cuenta, para la valoración de credibilidad de amenazas en textos escritos.

VALORACIÓN DE LAS AMENAZAS EN TEXTOS ESCRITOS

Como ya hemos señalado, el peligro potencial que una amenaza puede suponer, justifica la necesidad imperiosa de disponer de unos recursos que permitan su evaluación, y posterior valoración. Es en este aspecto, donde el presente trabajo pretende centrarse. Y más en concreto, en la valoración de las amenazas anónimas realizadas a través de textos escritos.

Cabe en este punto, por tanto, detenerse en el estado actual de las investigaciones sobre esta casuística.

Estado actual de la investigación sobre evaluación y valoración de las amenazas

Pocos son los estudios existentes hasta el momento. Y menos aún, aquellos centrados en la evaluación y valoración de las amenazas en textos escritos. Así, la mayor parte de las investigaciones sobre esta materia se han centrado principalmente en víctimas de alto riesgo como celebridades y figuras públicas, políticos o jueces y en aspectos como las características del autor de la amenaza (edad, nivel socio-cultural, rasgos de personalidad, salud mental, historial de violencia y comportamiento criminal, historia de abuso de sustancias, etc).

En las investigaciones sobre las comunicaciones amenazantes, se ha prestado especial atención a las características físicas del documento, como el modo de comunicación (cartas, correos electrónicos, llamadas telefónicas, etc.), el método a través del cual se crea la comunicación (ordenador, máquina de escribir, escritura a mano, recortes de revistas, etc.), el contenido o tema sobre el que versa la misma y las características gramaticales y léxicas del lenguaje amenazador. Estos aspectos han sido investigados con el propósito de determinar el grado de intención del autor de la amenaza de acercarse y /o hacer daño al destinatario, principalmente. No obstante, los resultados obtenidos en este aspecto han sido contradictorios, ya que no se ha podido establecer ninguna categoría que mida con exactitud el grado de peligro de las comunicaciones amenazantes.

En líneas generales, podemos señalar que una gran cantidad de literatura ha puesto de manifiesto la relación entre impulsividad y violencia en general, de forma que la planificación y preparación que precede a menudo a actos de violencia selectiva, ha llevado a los investigadores a conceptualizar la violencia dirigida como una única forma de comportamiento violento.

La evaluación de amenazas fue desarrollada, en parte, para abordar estas limitaciones y deficiencias. Hoy por hoy, el enfoque de evaluación de amenazas se basa en tres principios fundamentales. En primer lugar, la violencia dirigida es el resultado final de un proceso de pensamientos y comportamientos. Así, las características demográficas y psicológicas en la elaboración de un perfil, para la identificación de posibles perpetradores de violencia selectiva, se decantan a favor de pensamientos y comportamientos coherentes con el ejercicio de violencia en el futuro hacia un objetivo identificable. En segundo lugar, la violencia dirigida es entendida como el resultado de la interacción entre los siguientes factores: el autor del acto violento, un estímulo desencadenante que lleva al autor a considerar la violencia como solución a su problema y factores ambientales que facilitan la violencia. Y, en tercer lugar, la planificación y la preparación del autor antes del acto violento, produce necesariamente conductas discretas y observables que evidencian su intención de participar en la violencia dirigida. La identificación de estos comportamientos es fundamental para la evaluación y gestión de los posibles autores.

Como podemos apreciar, y así lo demuestra la práctica, los profesionales que trabajan en el campo de la evaluación de la amenaza se ven obligados a determinar de una manera rápida y precisa si una comunicación amenazante representa un peligro real, ya que en muchos casos hay vidas en riesgo.

Así, la mayor parte de investigadores y profesionales, concluyen que el propósito de la evaluación de amenazas es identificar el potencial de riesgo de los perpetradores de la violencia selectiva, así como evaluar y gestionar los riesgos de tal violencia. Fein y sus colaboradores (1995) examinaron cada una de estas funciones en mayor detalle y enumeraron cuatro componentes importantes en la identificación de los posibles autores: (a) la elaboración de criterios que desencadenen el inicio de una investigación de evaluación de amenaza, (b) la identificación de un grupo de individuos dentro de una organización que se encargue de recibir la información y realizar las investigaciones, (c) la notificación a organizaciones o individuos que tengan contacto directo con los posibles autores de que existe una amenaza real, y (d) la difusión de los criterios que desencadenan la investigación de evaluación de las amenazas a las organizaciones e individuos. Además, también destacaron la importancia de las experiencias estresantes recientes y la capacidad del sujeto para hacer frente a los factores de estrés.

Siguiendo la línea descrita, varios, aunque escasos, son los estudios realizados.

Dietz y sus colaboradores (1991) estudiaron las comunicaciones verbales y escritas, ya que consideraban que era el mejor medio para que los profesionales de la evaluación de amenazas conocieran el pensamiento y las motivaciones del autor, así como el primer indicio de que existe una amenaza real. En este estudio observaron que las amenazas escritas a celebridades de Hollywood estaban relacionadas con un comportamiento de acoso posterior. En cambio, en las cartas escritas a miembros del Congreso, la presencia de una amenaza fue asociada a niveles más bajos de comportamientos de acoso.

Estos resultados, así como los de Fein y Vossekuil (1999) mostraron que ninguno de los sujetos estudiados había comunicado una amenaza a su objetivo antes de su aproximación. Estos datos parecen ofrecer una base empírica en la evaluación de amenazas de que "los que representan una amenaza, con frecuencia no hacen amenazas". Así, en todos los estudios de Fein y sus colaboradores (1995) se encontraron una serie de similitudes, independientemente de la población estudiada. La relación entre la emisión de una amenaza o uso de lenguaje amenazante y la participación en el comportamiento problemático, es una de las más notables similitudes observadas, tanto por la consistencia con la que se observa, como por las implicaciones para los investigaciones de la evaluación de la amenaza.

Por su parte, entre las conclusiones de Dietz y sus colaboradores, se encontró que las personas que enviaron un mayor número de cartas eran más propensas a intentar mantener contacto por teléfono, y más a menudo expresaban un deseo de tener un contacto cara a cara. Además, en los sujetos que dieron alguna indicación de haber construido un plan de acción también aparecieron más probabilidades de acercamiento.

Fein y Vossekuil (1999), informaron que entre los individuos estudiados no hubo un solo perfil o característica (demográfica o psicológica) del individuo que se involucrara en el comportamiento de ataque, lo que subraya la inutilidad de un perfil basado en la prevención de la violencia dirigida. Hubo, sin embargo, algunos factores comunes. Entre las razones de estos sujetos para sus ataques se encontraron ocho motivos discretos: (a) lograr notoriedad o fama, (b) vengar una injusticia, (c) terminar con el dolor personal, a menudo a través de su muerte por aplicación de la ley, (d) llamar la atención nacional a un problema percibido, salvar al país o al mundo, (f) lograr una relación especial con el objetivo, (g) ganar dinero, y (h) lograr un cambio político. Los autores señalaron que incluso los sujetos que padecían enfermedades mentales, a menudo, tenían motivos racionales, cuando se consideraba la naturaleza a veces delirante de sus creencias.

Por otro lado, Calhoun (1998) estudió que el método de entrega de la comunicación (por escrito, teléfono o verbal cara a cara) estaba altamente relacionado con los resultados de los casos. Los métodos de entrega que requerían contacto físico cercano, poseían mayor riesgo de violencia. Este hallazgo subraya la importancia de examinar el comportamiento de acoso como un intermedio para el comportamiento violento y justifica su uso como una variable relevante en la evaluación de amenazas.

Adicionalmente, Baumgatner y cols. (2001) estudiaron los antecedentes penales de acosadores y no acosadores. Sus resultados indicaron que un 29% de acosadores y un 18,8% de no acosadores poseían dichos antecedentes. También concluyeron, en consonancia con resultados anteriores, que el uso de declaraciones amenazantes no era significativamente predictivo de la conducta de acoso.

Baumgatner y cols. (2001) informaron que los acosadores mantenían el contacto durante significativamente más tiempo que los no acosadores y, además, los intervalos de tiempo variaban notablemente entre los contactos. Esto llevó a los autores a especular que "la motivación para realizar un contacto era una experiencia más persistente entre acosadores que entre los no acosadores".

Scalora, Baumgartner y Plank (2003), por su parte, estudiaron el papel de la enfermedad mental en estos comportamientos de amenaza y acoso, no encontrando ningún hallazgo consistente que relacionara la enfermedad mental con el comportamiento de acoso.

En cambio, Coggins, Steadman, y Veysey (1996), en un estudio realizado en EEUU, concluyeron que aproximadamente el 50% de individuos que emitían amenazas contra el presidente de los Estados Unidos había recibido atención en salud mental y que aproximadamente un 90% de los que se consideraba, representaban una amenaza legítima, tenían una historia de trastornos mentales y tratamientos de salud. Las investigaciones de Fein y Vossekuil (1999), informaron que entre atacantes letales y no letales, el 61% había sido evaluado o tratado por una enfermedad mental en algún momento de su vida, aunque el 75% de los atacantes no padecían ningún tipo de delirio en el momento del ataque.

En los estudios realizados por Scalora y cols. (2002) se observó que, los sujetos que participaban en comportamientos de acoso tenían más probabilidades de haber participado en intentos de contacto previos con el objetivo y habían demostrado, en mayor medida, síntomas de enfermedad mental grave. En cambio, los sujetos que intentaron ocultar su identidad o emitieron una amenaza directa o velada fueron considerablemente menos propensos a participar en comportamientos de acoso. Además, se vio que, los sujetos que llevaron a cabo estas conductas, tenían significativamente más probabilidades de tener antecedentes penales. Igualmente, las personas que realizaban comportamientos de acoso hacia un miembro de la Política, eran más proclives a utilizar múltiples métodos de ponerse en contacto y de articular los temas y contenidos de estos contactos.

Schoeneman-Morris, Scalora, Chang, Zimmerman, y Garner (2007) compararon las características de comunicación y acoso de los individuos que realizaban el contacto por carta, con aquellas personas que lo hacían a través de correo electrónico. Concluyeron que las personas que realizaban el contacto a través de cartas eran más propensas a mostrar síntomas compatibles con enfermedad mental, tener un historial criminal, escribir más y emplear múltiples métodos de contacto. Los individuos que usaban el correo electrónico, por otro lado, eran más tendentes a utilizar lenguaje obsceno y centrarse en las preocupaciones del estado en el que se hallaban insertos. En definitiva, los estudios demostraron que los individuos que enviaban cartas de naturaleza amenazante, eran más proclives a participar en comportamientos de acoso hacia el objetivo.

Por su parte, la investigación realizada por la Oficina del Interior del Reino Unido en 2002, propuso que "los individuos que demuestran fijación patológica hacia una persona, pertenecen a una de las siguientes cinco categorías: solicitantes de relación (creen que están destinados a tener una relación especial con esa persona), peticionarios (solicitan asistencia o demanda por alguna causa personal), pretendientes (señalan una reclamación falsa), perseguidos (indican ser objeto de persecución) y, por último, caóticos o incoherentes (demuestran un comportamiento desorganizado)". A partir de estas investigaciones, durante el año 2002, se establecieron los precedentes para la implementación de una guía de técnicas de evaluación de amenazas en el entorno escolar. Un proyecto, con el propósito de adaptar la evaluación de amenazas al problema de la violencia en la escuela.

Los resultados del estudio de Fein y cols. (2002) fueron sorprendentemente iguales a los citados anteriormente en muchos sentidos. La mayoría de atacantes nunca habían amenazado a sus objetivos directamente, aunque sí se habían involucrado en algunas conductas previas que eran indicativas de un alto riesgo de violencia dirigida.

Por otro lado se observó que, las razones que podían llevar a los estudiantes a participar en una acción violenta, podían ser de varios tipos [(a) venganza por una lesión o agravio percibido, (b) anhelo de atención, reconocimiento o fama, (c) deseo de resolver un problema de otra manera visto como irresoluble, y (d) deseo de morir o ser asesinado, concluyéndose que: 1) los incidentes violentos en la escuela rara vez son actos bruscos e impulsivos; 2) antes de que ocurran, en la mayoría de los casos, otras personas tienen información sobre el plan de atacar del autor de la amenaza; 3) la mayoría de los atacantes no amenazan directamente a sus objetivos antes de su acción; 4) no existe un perfil exacto o útil de los estudiantes que se involucran en este tipo de ataques; 5) la mayoría de atacantes, antes del incidente, causan algún tipo de comportamiento problemático que indica la necesidad de ayuda; 6) la mayoría de los atacantes tienen dificultades para hacer frente a importantes pérdidas o fracasos personales; 7) muchos atacantes han considerado el suicidio y/o, se han sentido intimidados, perseguidos o heridos por otros antes del ataque; y 8) la mayoría de atacantes tuvieron acceso a armas y las habían utilizado con anterioridad. Finalmente y, en base a todo ello, se reconoció que un elaborado proceso de evaluación de la amenaza supondría un elevado esfuerzo para las autoridades escolares y que sería necesario diseñar un proceso para distinguir las amenazas corrientes de las amenazas más serias.

En un estudio hecho por Cornell y cols. (2004), informaron que de las 188 amenazas reportadas, el 70% fueron consideradas "amenazas transitorias" o "declaraciones que no expresan verdadera intención de hacer daño a alguien". El 30% restante fueron consideradas "amenazas sustantivas" que "representan una sostenida intención de dañar a alguien más allá de la situación inmediata, es decir, cuando la amenaza se hizo".

Como puede observarse, a tenor de los resultados expuestos, podemos concluir que, los profesionales e investigadores interesados en desarrollar y aplicar técnicas de evaluación y valoración de amenazas, han fracasado en desarrollar una base teórica adecuada. Es más, pocos son los organismos que han desarrollado Unidades Especiales a tal fin. Una excepción, en este sentido, es el FBI[5].

Dentro del FBI, la Unidad de Análisis del Comportamiento (BAU)[6], que centra sus esfuerzos en la lucha contra el terrorismo, la evaluación de amenazas y el análisis de textos, tiene mucha experiencia en la aplicación de la lingüística forense en el desarrollo de sus investigaciones. La BAU realiza análisis de textos desde dos perspectivas: el análisis de la amenaza y el estudio lingüístico del comunicado amenazante. A

---

[5] La Oficina Federal de Investigación (en inglés: *Federal Bureau of Investigation*, FBI), es la principal rama de investigación del Departamento de Justicia de los Estados Unidos.

[6] La Unidad de Análisis de Conducta del FBI (en inglés: *Behavioral Analysis Units*, *BAU*), es una parte del Centro Nacional para el Análisis de Crímenes Violentos.(CNACV).La misión de la BAU es proporcionar información sobre el comportamiento del individuo basado en investigación y/o apoyo operacional, mediante la aplicación de la experiencia, la investigación y la formación.

tal fin, el FBI ha diseñado la Base de Datos de Evaluación de Comunicaciones Amenazantes (CTAD)[7], una base de datos lingüística con una gran capacidad de búsqueda que permite categorizar detalladamente lo expresado en las amenazas y está orientada a evaluar la posibilidad de que la acción amenazada se lleve a cabo y, si es posible, determinar la autoría (Fitgerald, 2007).

De esta forma, la clasificación de los comunicados se hace en base a una lista de 24 categorías, desde las más genéricas (por ejemplo, terrorismo) a otras más específicas (por ejemplo, extorsión, agresión sexual, etc.) Las búsquedas y comparaciones entre comunicados se hacen por diferentes marcadores lingüísticos y de comportamiento. Así, los marcadores dentro del texto de cada nuevo caso son identificados y cotejados con los de otras comunicaciones, con el fin de encontrar semejanzas entre la lingüística y las características de ese comunicado y el de otros, contenidos en la base de datos. Este análisis permite estimar la probabilidad de que la potencial acción amenazante se lleve a cabo y evaluar las características de la personalidad del autor.

Evaluación de la Amenaza

Como ya hemos indicado, la evaluación de cualquier amenaza se hace imprescindible para su posterior valoración. Así, en las primeras fases de la evaluación de la amenaza los investigadores deben plantearse, en primer lugar, si el

---

[7] En 2011 la CTAD contenía más de 4.000 comunicados amenazantes u otras comunicaciones criminales, relacionadas con algún delito existente o potencial.

comunicado constituye realmente una amenaza y, si es así, su viabilidad y peligrosidad potencial (Napier y Mardigian, 2003).

Las respuestas a estos interrogantes, requieren un examen minucioso de las manifestaciones lingüísticas de la postura del autor que indiquen su intención y la credibilidad de la amenaza.

Según los citados autores, una vez se concluye que una comunicación plantea realmente una amenaza, se debe identificar de qué tipo es ésta (directa, condicional o indirecta), ya que, cada categoría implica diferentes niveles de peligro potencial.

A continuación, es necesario determinar qué probabilidad existe de que el autor ejecute la acción amenazada. Para realizar esta evaluación se utilizan tres designaciones generales de nivel de amenaza: bajo, moderado y alto, en función de la probabilidad estimada de que la amenaza se lleve a término (Rugala y Fitzgerald, 2003). En este sentido, el FBI, y más concretamente la Unidad de Análisis del Comportamiento (BAU), dispone de un sistema de evaluación del nivel de peligrosidad de una amenaza, consistente en un examen detallado de los elementos fundamentales que la conforman, para valorar su credibilidad y plausibilidad, así como el grado de intención del autor de provocar daño. La estimación de estos aspectos se basa en el estudio exhaustivo de las siguientes categorías:

• La cantidad y el grado de rabia o de frustración expresado en la comunicación amenazante. Esto se valora a través de descripciones gráficas de actos violentos o desagradables, palabrotas, insultos u obscenidades, ataques personales a la víctima, etc.

• La evidencia de personalización o conocimiento específico/ detallado sobre la víctima, por ejemplo, usando nombres propios, direcciones de domicilios o empresas, descripción de rutinas, horarios, tipos de vehículos propiedad de la víctima o vestimenta en un día determinado, que indican que el autor la ha observado.

• El grado de detalle de la acción prevista o concreción de la amenaza. Este elemento se concreta a través de detalles específicos sobre la forma en que se producirá el daño, el método que se usará, y en qué momento y lugar exactos tendrá lugar el hecho amenazado.

• El nivel estimado de conocimientos técnicos que posee el autor para llevar a cabo su propósito. Tal es el caso de conocimientos sobre armas, sustancias tóxicas, explosivos, maneras de burlar las medidas de seguridad, etc.

• El nivel de compromiso potencial del autor, evidenciado por la cantidad de tiempo, esfuerzo y dinero invertido en la amenaza.

• La ocurrencia de eventos complementarios o incidentes secundarios a las comunicaciones amenazantes, como puede ser el envío de paquetes con contenidos extraños, envenenamiento de mascotas, incidentes de vandalismo, llamadas telefónicas, etc.

- La escalada de la intensidad de la amenaza: lenguaje amenazante duro y explícito, aumento en la frecuencia de los comunicados, formas de entrega más próximas a la víctima (por ejemplo, introducir la carta en el buzón de su casa), etc.

En el caso de *Amenazas de nivel bajo*: la probabilidad de ejecución estimada es del 25% o menor, por lo tanto, se considera que existe poco riesgo para el destinatario o para terceros. Las amenazas con baja probabilidad de llevarse a cabo suelen estar formuladas utilizando un lenguaje desorganizado, sin sentido o divagante, con frases condicionales, un léxico que suaviza la dureza de la acción amenazada, y/o la descripción de acciones inverosímiles o poco razonables. En estos casos, no se proporcionan detalles en cuanto al momento o lugar donde ocurrirá la acción, ni se muestra un conocimiento detallado sobre la víctima.

En cuanto a las *Amenazas de nivel medio*, su probabilidad de ejecución es del 50% aproximadamente. Una amenaza de nivel medio o moderado es una amenaza que, en general, es más realista y creíble que la de nivel bajo, pero muestra ciertos aspectos que hacen dudar de su veracidad. Se categoriza una amenaza en este nivel cuando existe concreción sobre la forma en que la víctima va a sufrir la acción amenazada, como es la manera en que va a morir o a ser asaltada, o detalles específicos sobre el día, hora y lugar en que ocurrirá. Las declaraciones de este tipo, muestran cierto nivel de planificación de cómo se llevará a cabo la amenaza y el lenguaje amenazante es más concreto y descriptivo. La acción relatada es verosímil, evidenciando un plan de ataque viable y conocimientos por parte del autor sobre cómo ejecutarlo. Es común en estas amenazas la utilización de expresiones que tratan de reforzar la seriedad de las intenciones.

En el caso de las *Amenazas de nivel alto*, la probabilidad de que las amenazas categorizadas en este nivel se lleven a término es igual o mayor a 75%. Las declaraciones amenazantes de nivel alto son muy verosímiles, ya que incluyen una descripción detallada de cómo se ejecutará la amenaza, que demuestra un gran nivel de planificación y preparación logística, un alto grado de familiaridad con el objetivo y el estilo de vida de este (por ejemplo, usando nombres propios, direcciones de domicilios o empresas, descripción de horarios y vestimentas, etc.). Es habitual que se incluya el marco de tiempo en el que la acción amenazada va a ocurrir (se dan detalles espacio-temporales específicos que indican que el autor ha visitado y estudiado las características del supuesto lugar de los hechos), se establezcan "fechas límite", así como que se preseleccione un lugar de entrega (en el caso de amenazas condicionales) y se establecen futuros medios de comunicación. Además, la forma de entrega de la amenaza es próxima a la víctima, (por ejemplo, el autor deja la carta en el buzón de su casa). En este tipo de amenazas, el alto compromiso manifestado por el autor con su causa se evidencia en la cantidad de tiempo, esfuerzo y dinero invertido en la amenaza (Napier y Mardigian, 2003).

Por lo que al lenguaje empleado en las amenazas se refiere, por otro lado, uno de los puntos centrales de nuestra investigación, podemos señalar que hay comportamientos que están estrechamente relacionados con las personas que realizan amenazas, que se manifiestan en sus elecciones léxico-gramaticales a lo largo de sus declaraciones, ya sean verbales o escritas. El comportamiento amenazante se ve reflejado, por tanto, en determinadas categorías gramaticales e indicadores verbales.

En este sentido, diversos investigadores han profundizado sobre el tema. Así, las personas que profieren amenazas suelen caracterizarse por una "necesidad de poder e influencia sobre los demás, la creencia en la propia capacidad para controlar los acontecimientos" (Hermann, 2003) y la "preocupación por su reputación o posición" (Shuy, 1993; Fraser, 1998). Gramaticalmente, la necesidad de poder se evidencia en la utilización de gran cantidad de verbos altamente descriptivos. Otras características, propias de los autores de las amenazas, como tener una disposición agresiva, furiosa, o un carácter desafiante, se relacionan con una forma de comunicarse con elevados niveles de referencias directas, adverbios negativos y preguntas retóricas (Smith, 2006).

Por otra parte, el lenguaje peyorativo y despectivo en el lenguaje amenazante tiene una función concreta. Así, además de aumentar la intensidad de la amenaza, deshumaniza y cosifica a los destinatarios de la misma (un ejemplo de esto sería una amenaza que incluya aspectos racistas o sexistas), con el propósito de "disminuir su valor a ojos del propio amenazador", con lo que le resultará más fácil culparlos de los supuestos agravios sufridos y atacarlos por ese motivo (Davis, 1997).

Igualmente, existe la creencia general de que el lenguaje insultante o despectivo es un componente clave de las amenazas; sin embargo, los estudios sobre este campo demuestran que se da con menos frecuencia de lo esperado (Gales, T. 2010). En cambio, sí que son muy habituales, e indicadores de la violencia potencial, las demandas que pretenden desafiar o intimidar a la víctima, así como el uso de un lenguaje que indica desesperanza, obsesión por la víctima, mención de armas o artefactos y la descripción explícita de acciones violentas (Turner y Gelles , 2003). Como se ha comentado anteriormente, la gran cantidad de detalles específicos en cualquiera de las categorías relacionadas con el lenguaje amenazante, aporta más credibilidad a la amenaza y comporta una estimación de mayor nivel de peligrosidad. Por lo tanto, la determinación del nivel de amenaza depende de la especificidad con que se describa la manera en que la acción dañina se llevará a cabo (incluyendo el lugar y el arma o artefacto que se usará), el plazo de tiempo en que ocurrirá, la mención de un comportamiento de la víctima por el cual tiene que ser castigada, la fijación en un individuo (enfoque en la víctima o personalización) o un grupo de individuos o el enfoque en sí mismo como la víctima de algún tipo de agravio. En resumen, cuantos más detalles específicos se utilicen en la comunicación amenazante, mayor es su nivel de peligro potencial.

Lingüísticamente, estos factores inherentes al lenguaje amenazante se manifiestan a través del uso de marcadores adverbiales o nominales de tiempo (para estipular el plazo y especificar dónde y cuándo ocurrirá el incidente), gran número de verbos para describir la amenaza y los comportamientos por los que la víctima ha de ser castigada. Además es frecuente el empleo de un lenguaje despectivo, insultos u obscenidades, cláusulas condicionales, un enfoque en la víctima a través del uso de pronombres en segunda persona, nombres propios y direcciones, un enfoque en sí mismo como víctima de un agravio a través del uso de pronombres en segunda persona, el uso de sustantivos e imperativos que describen explícitamente las medidas que deben adoptarse, adverbios negativos, verbos modales que expresan obligación (por ejemplo "debes" o "tienes que"), y/o preguntas retóricas.

El lenguaje despectivo utilizado en amenazas clasificadas con un nivel bajo de peligrosidad, sin embargo, y como ya dijimos, es al describir la acción o daño amenazado. Es común la inclusión de términos que mitigan las declaraciones realizadas y que indican la dificultad del autor para adherirse a sus decisiones, en lugar de aquellos que las enfatizan como en las amenazas graves; así como el uso de modales que expresan probabilidad en lugar de obligación y que indican un menor nivel de certeza sobre lo que se declara en la comunicación amenazante.

Postura del autor

Como ya indicamos al comienzo, en la evaluación de la amenaza, es necesario preguntarse cómo se manifiesta la postura del autor en la comunicación amenazante a nivel textual, oracional y léxico.

La postura de un autor en cualquier comunicación, es la manifestación de los "sentimientos personales, opiniones, juicios de valores y actitudes sobre el destinatario" o el contenido temático de la declaración (Biber et al, 1999), que son expresados a través de las elecciones léxicas y gramaticales realizadas por este a lo largo del texto.

Recordemos que, uno de los aspectos más importantes que nos permite formar y emitir las palabras es tomar una postura. Los sentimientos personales del escritor, sus opiniones y actitudes sobre una persona se pueden, en términos generales, expresar de manera sutil a través de las elecciones léxico-gramaticales que se hacen.

Cuando se observa un texto, los índices de postura pueden influir significativamente en las emociones y reacciones del público, así como demostrar el compromiso del autor de la amenaza con la proposición mencionada y, además, servir para alinear al agente amenazador con otra persona o proposición, o reforzar su alineación social con una determinada ideología. Además, se ha encontrado que una amenaza anónima puede provocar mayor ansiedad y miedo (Einhom, 1992) y servir al escritor para reforzar su situación de poder, así como alejarlo de posibles repercusiones futuras, en el caso de que su identidad sea revelada (Napier y Mardigian, 2003).

Esto demuestra que la postura es una construcción de gran alcance que se manifiesta en una multitud de formas, ya que permite a los hablantes y escritores no solo expresar sus actitudes personales, sentimientos y juicios de valor acerca de una persona u objeto; sino también negociar el poder y la solidaridad entre ellos y los demás y transmitir valores socioculturales. La postura lingüística, por tanto, surge de la relación entre el individuo y un matiz social, es decir, como un acto social realizado por actores sociales (Bakhtin, 1981; Hanks,

2000; du Bois, 2007). La postura depende, por tanto, del contexto y las motivaciones ideológicas que pueden ser definidas e interpretadas de diversas maneras (Kiesling, 2004; Bucholtz, 2009); siendo, en su sentido más amplio, un dispositivo cognitivo que nos permite interpretar el mundo (Bednarek, 2006), y que, cuando se expresa lingüísticamente, no solo nos permite ofrecer esta interpretación a otros, sino que se convierte en parte de las prácticas discursivas a través de las cuales damos sentido a nuestra vida y a la de los demás (Davies y Harré, 1990).

Al investigar la postura del autor desde una perspectiva funcional, se puede observar que los amenazadores utilizan una gran cantidad de estrategias para transmitir el significado interpersonal. La expresión que demuestra el nivel de compromiso del amenazador sobre los juicios de comportamiento, la inversión de tiempo y actitud que indica sus emociones personales, son léxica y gramaticalmente diversas y dependen de la intención subyacente del amenazador al proferir la amenaza. Además, el examen de la postura afectiva demuestra que los análisis críticos de las relaciones interpersonales, no proporcionan una imagen completa del autor y sus actitudes acerca del acto.

Sin embargo, una metodología estructurada de evaluación puede permitirnos profundizar en las posiciones afectivas y epistémicas de los amenazadores. Por lo tanto, el significado interpersonal se manifiesta a través de una gran variedad de estrategias, que dependen íntimamente de la función para la que trabajen. Como ya hemos dicho, por tanto, la forma en que se transmiten las amenazas, especialmente lo que se evidencia a través del sistema de evaluación, puede revelar información muy valiosa sobre el nivel de compromiso asumido por el amenazador, su inversión personal en el acto, y su subyacente actitud acerca de los participantes en la amenaza.

El lenguaje amenazante, en particular, se encuentra más altamente saturado de características de postura, ya que las amenazas se realizan en momentos de gran tensión emocional o excitación y esto debe demostrarse con un alto nivel de compromiso para que sea interpretado como una amenaza. Además, los marcadores afectivos y epistémicos de la postura pueden servir para evaluar la posición del autor, es decir, cómo el escritor se siente sobre el destinatario y cómo se refiere a la proposición planteada o implícita. Por tanto, tener una comprensión de la postura basada en las comunicaciones amenazantes, puede proporcionar una información muy valiosa a los que trabajan en la evaluación de la amenaza y aplicación de la ley.

Como podemos ver, el análisis de la postura puede ser utilizado con múltiples objetivos. Varios son los estudios realizados sobre los aspectos que revelan la postura del autor y, en especial, sobre los patrones que ocurren con mayor frecuencia en las amenazas realizadas (es decir, las que realmente se han llevado a término), frente a las no realizadas, con el fin de establecer criterios para determinar el grado de intención de las mismas. Así, en la mayor parte de los casos, se observó que existen diferencias en la postura del emisor, entre amenazas realizadas y amenazas no realizadas. En el caso de las amenazas no realizadas, estas fueron compuestas por autores que declararon que nunca habían tenido la intención, los medios o el compromiso de llevar a cabo tales acciones. Todos ellos reconocieron que las amenazas fueron escritas con el propósito de infundir miedo para obtener venganza, recuperar el control u obtener algún tipo de recompensa personal.

Martin y White llevaron a cabo un estudio en el año 2005 sobre las formas en las que los autores de amenazas establecen su posición y adoptan una actitud respecto a la víctima y a la demanda realizada. Estos autores, en el desarrollo de su investigación, se han centrado en el análisis de tres aspectos: la actitud, el compromiso y la graduación. La *actitud* comprende, a su vez, tres categorías: el afecto (emociones positivas y negativas acerca de la felicidad, la satisfacción y la seguridad), el juicio (posicionamiento ético o actitud hacia los comportamientos) y la apreciación (evaluaciones estéticas y valoraciones de las cosas, fenómenos o procesos). El análisis de la actitud, revela cómo el autor manifiesta sus sentimientos, valores y/o actitudes hacia la conducta de la víctima y la suya propia, así como evaluaciones sobre los temas tratados en la comunicación amenazante, etc. El examen de la actitud y el posicionamiento ético del autor, ofrecen un medio para determinar el motivo por el que se realiza la amenaza y la gravedad de ésta (Martin y White, 2005).

En conjunto, por tanto, estos recursos lingüísticos funcionan de forma prosódica a través de un texto para crear e interpretar el significado actitudinal de la amenaza. En este sentido, debe recordarse, como señalan autores como Bordieu (1991), que las palabras se dan insertas en un contexto determinado, no aisladamente, por lo que su interpretación será dependiente de este, de modo que programas automatizados no pueden servir de base para identificar con precisión todos los factores relacionados con la postura del autor de la amenaza.

Normalmente, en el caso de las amenazas, al examinar la actitud en un texto, es frecuente encontrarnos con varios "actores sociales" bien diferenciados: el emisor de la amenaza (normalmente representado por los pronombres *yo* o *nosotros*), el receptor de la misma (generalmente representado por los pronombres *tú*, *vosotros*, o *usted/es*), y terceros (normalmente agentes participantes que lo desconocen, representados por el pronombre *ellos*). Según van Leeuwen (1996), estos "actores sociales" puedan estar representados en el discurso de varias formas: activa o pasiva, personal o impersonal, de manera positiva o negativa y/o en primer o segundo plano. En este caso, se crea una imagen en la que el receptor y los terceros participantes son los actores principales (en primer plano), mientras que el autor, está en segundo plano (Fairclough, 2003). Esta estrategia retórica se centra en el destinatario del texto y los terceros participantes (aquellos cuyas conductas son punibles a los ojos del autor de la amenaza) y, al mismo tiempo, permite al autor distanciarse de toda culpa al restar importancia a su participación en el hecho; así, a través de este posicionamiento estratégico, el autor de la amenaza crea un escenario en el que su voz controla la amenaza, pero su papel es de poca importancia.

Respecto al *compromiso*, este se define como la postura que adopta el autor hacia su declaración, es decir, el grado de inversión personal manifestado. En la evaluación de este aspecto Martin y White (2005) distinguen entre expresiones monoglósicas o heteroglósicas. Las primeras, son declaraciones que afirman algo con rotundidad, sin dejar espacio a puntos de vista diferentes, imposibilitando un posible debate. Por ello, su función consiste en fortalecer la posición de completo control del autor. Las expresiones heteroglósicas, en cambio, posibilitan la negociación, dejando espacio para el debate y la interacción al permitir otros puntos de vista o perspectivas diferentes a la del autor o incluso esperando un desacuerdo por parte del destinatario. Consecuentemente, este tipo de expresiones contribuyen a debilitar la posición de control del amenazador. Así, las expresiones heteroglósicas se pueden dividir entre aquellas que se contraen y las que amplían el discurso. A través de la contracción, los autores de la amenaza, pueden proclamar un comunicado mostrándose de acuerdo con algo de lo que ya se dijo, respaldando una demanda hecha por un tercero, o negando un enunciado anteriormente hecho a través de la polaridad negativa; mientras que a través de la expansión, los autores pueden hacer partícipes del discurso a terceros, mitigando su postura, en cuyo caso es frecuente el empleo de términos como "quizá 'o "tal vez ".

Por último, *la graduación,* propiedad definitoria de la actitud (Martin y White, 2005), tiene el efecto de incrementar o disminuir la fuerza de lo expresado en la amenaza, es decir, la intensidad de la postura del autor, tanto en relación con la actitud como con el compromiso. Respecto a la actitud, el autor utiliza la graduación con la intención de mostrar un mayor o menor grado de sentimientos, ya sean positivos o negativos. En relación con el compromiso, la graduación es usada por el autor con el fin de intensificar o disminuir su nivel de participación o inversión personal en su declaración. Los principales recursos lingüísticos empleados con el propósito de fortalecer la postura son la cuantificación, la intensificación y la repetición. No obstante, y en última instancia, los tres componentes que integran esta graduación (cuantificación, intensificación y repetición) determinarán el sentido definitivo que se le atribuirá a la amenaza.

Marcadores lingüísticos de postura

La postura en el lenguaje amenazante se manifiesta léxica y gramaticalmente, mostrando la posición de poder, el compromiso y la intención del autor. El escritor de una amenaza utiliza determinadas formas o patrones lingüísticos que tienen la función de transmitir sus sentimientos, actitudes o juicios sobre la víctima y el compromiso con la amenaza declarada. Existen dos conjuntos opuestos de patrones lingüísticos: el de fortalecimiento de la postura, que refuerzan el rol de poder y la actitud del amenazador y el de debilitamiento de la postura, que tiene el efecto contrario. Como puede apreciarse en la *figura 1*, las categorías gramaticales que marcan la postura en las comunicaciones amenazantes más estudiadas han sido los adverbios, los modales, y las cláusulas de complemento.

En este sentido, Angela Gales, en 2010, con el fin de observar si existían diferencias en la distribución de estos elementos, entre amenazas realizadas y amenazas no realizadas, analizó su frecuencia obteniendo que los modales eran más frecuentes en ambos tipos de amenazas, y que diferían de forma significativa en "Amenazas realizadas" y "Amenazas no realizadas". Las diferencias obtenidas para las cláusulas de complemento y los modales no mostraron diferencias significativas de ningún tipo, entre las amenazas realizadas y no realizadas.

Figura 1: Distribución de las características de postura en amenazas realizadas.

Gales, T.A. (2010). Frecuencia por 1000 Palabras, N=118

En cuanto a los **adverbios**, se han establecido cuatro categorías: certeza, probabilidad, actitud y estilo, siendo de mayor incidencia los adverbios de certeza. Véase *figura 2*, a continuación.

Figura 2: *Distribución de Adverbios en las Amenazas*

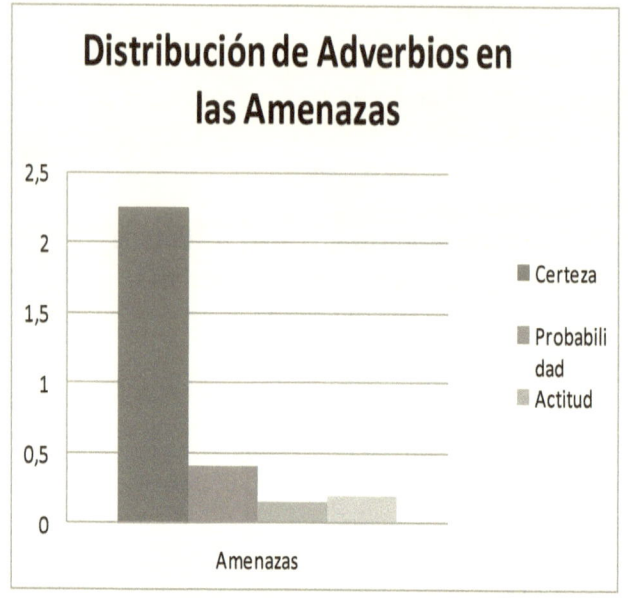

Gales, T.A. (2010). Frecuencia por 1000 Palabras, N=118

En la categoría denominada *certeza* encontramos adverbios que indican un elevado nivel de seguridad acerca de la proposición manifestada en la amenaza (por ejemplo, "siempre", "sin duda", "nunca", "jamás", "realmente", "cierto", "claro", "exacto"). Los adverbios de certeza más comunes son "nunca", "realmente" y "siempre", y tienen, principalmente, dos funciones relacionadas con la postura del autor: demostrar la certeza acerca de la amenaza y de la justificación de ésta, y la creencia en la realidad de la amenaza y en la justificación de ésta. La manifestación de la creencia en la realidad de la propuesta, demuestra un gran nivel de convicción hacia la proposición enunciada, lo que contribuye a fortalecer la demanda y enfatizar la amenaza. La creencia en la realidad de la justificación de la amenaza mitiga la responsabilidad personal del amenazador. Esta última es la función que desempeña el adverbio "nunca"(el más frecuente dentro de esta categoría) que enfatiza que la amenaza es necesaria y razonable, eliminando así la responsabilidad del autor.[8]

Como se observa en la *figura 3*, los adverbios de certeza en amenazas realizadas se producen cuatro veces menos, que los mismos adverbios en amenazas no realizadas. En las amenazas realizadas, *"nunca"* comprende más de la mitad de los adverbios individuales, cuya función es poner énfasis en la justificación de la amenaza, alejando al amenazador de la acción al demostrar que no son responsables de sus actos y solo los realizan porque no hay otra alternativa. En contraste, *"nunca"* no produce un subgrupo en las amenazas no realizadas.

La categoría de *probabilidad*, por su parte, incluye aquellos adverbios que demuestran menor seguridad o duda (por ejemplo, "probablemente", "quizá", "acaso", "tal vez", "a lo mejor", "puede"). El adverbio de probabilidad más utilizado es "tal vez".

El grupo denominado *estilo* contiene principalmente adverbios que enfatizan la veracidad de las intenciones del autor (por ejemplo, "francamente", "verdaderamente", "honestamente"), o describen la información contenida en la declaración (por ejemplo, "generalmente", "típicamente"). El más frecuente en esta categoría fue "verdaderamente". Como

---

[8] Para mayor profundización, consúltese Tabla 2. *Resumen de las formas adverbiales que se encuentran en las amenazas y sus funciones,* en Anexo.

se ve en la *figura 3*, los adverbios de estilo, en amenazas no realizadas se encontraron cinco veces más a menudo que en las amenazas no realizadas. En cualquier caso, las diferencias en estas categorías no son significativas aunque sí deberían tenerse en cuenta.

Por último, en la categoría de *actitud,* se dan adverbios que manifiestan la posición personal del autor hacia el contenido de su declaración (por ejemplo, "curiosamente", "desgraciadamente", "irónicamente"). Los adverbios de actitud más comunes fueron por "desgracia" y "en serio".

Figura 3: Distribución de los adverbios en la realización de amenazas.

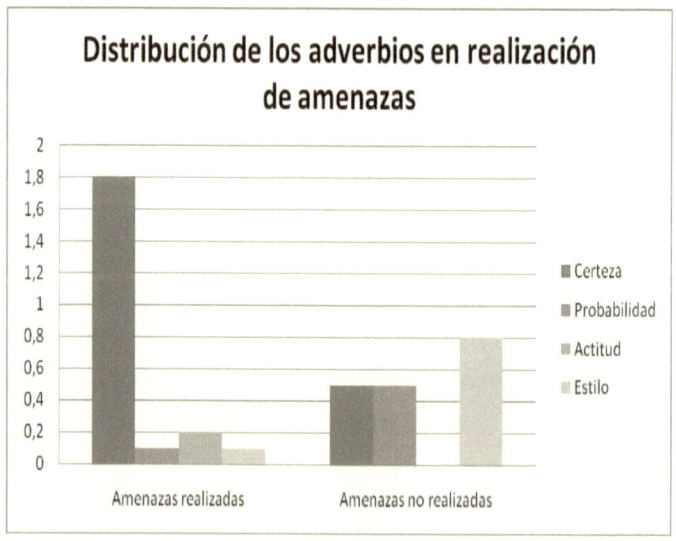

Gales, T.A. (2010). Frecuencia por 1000 Palabras, N=118

A continuación, puede observarse el cuadro resumen sobre el tipo de adverbios más frecuentes en amenazas (*tabla 1.*)

Tabla 1. Adverbios más frecuentes en las amenazas

Categoría semántica	Formas más frecuentes
Certeza	Nunca Realmente Siempre
Probabilidad	Tal vez
Actitud	Desafortunadamente Seriamente
Estilo	Verdaderamente

Gales, T.A (2010).

Conrad y Biber (2000), por su lado, en su análisis del lenguaje hablado, encontraron que la alta frecuencia de adverbios que sugieren "duda" (por ejemplo, "quizá", "tal vez") a veces tienen la función adicional de "sugerir", y tradicionalmente los adverbios que marcan la posición de la actualidad o de la realidad (por ejemplo, "realmente", "actualmente") buscan "suavizar los desacuerdos".

Por su parte, los **verbos modales** que marcan la postura del autor, constituyen la categoría gramatical que se produce con más frecuencia en el lenguaje amenazante. Su principal función es señalar el nivel de compromiso del autor o su certeza sobre la proposición contenida en la amenaza.

Los verbos modales contenidos en las declaraciones amenazantes se dividen en tres grandes categorías: permiso, posibilidad y capacidad (por ejemplo, "puede", "podría", "poder"), necesidad y obligación (por ejemplo, "tener que", "se supone que", "deber", "debería") y predicción e intención (por ejemplo, "ser", "sería"). Los más utilizados en las amenazas son los verbos modales de certeza. (Véase *figura 4.*)

Figura 4: Distribución de los verbos modales en las amenazas realizadas.

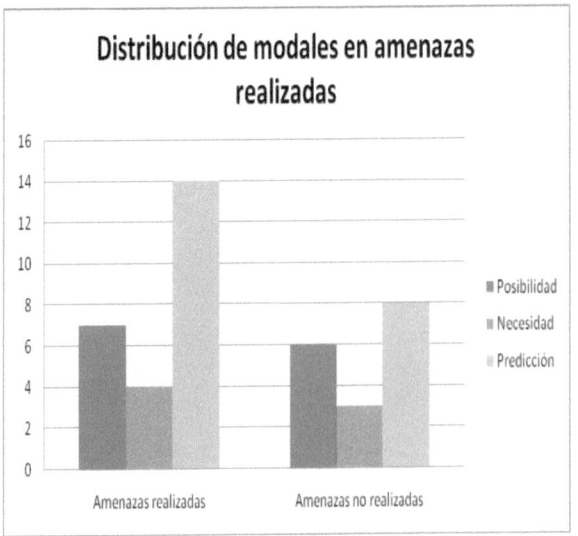

Gales, T.A. (2010). Frecuencia por 1000 Palabras, N=118

Como podemos ver, los modales de predicción, se producen dos veces con más frecuencia en amenazas realizadas, que en amenazas no realizadas. Por su parte, en los modales de necesidad y posibilidad no se encontraron diferencias. Por tanto, parece ser que la frecuencia de aparición de los modales de predicción sí aporta información significativa en la evaluación de amenazas.

Además, estos verbos, en las amenazas realizadas, se utilizan con frecuencia con un sentido condicional, que hace hincapié en el tipo de amenaza (es decir, si es directa, condicional, o velada); mientras en las no realizadas, cumplen funciones más declarativas.

También resulta de interés la categoría de verbos de control. En este caso, los verbos de certeza aparecen tres veces más en las amenazas no realizadas que en las amenazas realizadas. Los verbos de probabilidad ocurren dos veces más. De mayor interés resultan los verbos de certeza en las amenazas no realizadas, pues se producen tres veces más que en las amenazas realizadas. (Véase *figura 5*).

Figura 5: Distribución de verbos en realización de amenazas.

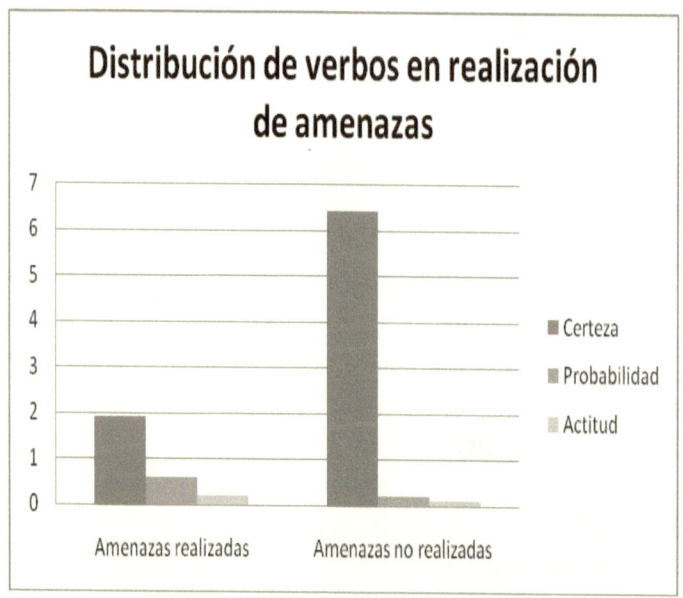

Gales, T.A. (2010). Frecuencia por 1000 Palabras, N=118

Las **cláusulas de complemento**, como son "que", "quien"..., pueden ser controladas por un verbo, un sustantivo, o un adjetivo que marca la postura. Estas cláusulas, en general, se han encontrado con mayor frecuencia en el discurso hablado que en el escrito.

Así, las cláusulas de complemento, pueden estar también controladas por verbos de "actos de habla", que, en el caso de las amenazas, suelen ser verbos de carácter habitual, típicos, como señala Biber et al. (1999), de la lengua hablada y la lengua escrita de carácter informal. El verbo, en estos casos, identifica el origen de la información y cumple la función, bien de distanciamiento interpersonal, bien de fortalecimiento de una reclamación hecha por el escritor en el más amplio contexto discursivo. Así, como señala Gales (2010), en el caso del distanciamiento, el escritor utiliza la atribución para afirmar algo delicado o negativo sobre otra persona o para justificar o excusar sus acciones culpando a otro. En el caso de las atribuciones de fortalecimiento, el escritor utiliza la voz de otro para apoyar o reforzar sus afirmaciones o proposiciones.

Del mismo modo, los estudios muestran que, en las amenazas, los verbos de certeza ("saber", "entender", "conocer", "comprender"...), son mucho más frecuentes (hasta dos veces más), que los verbos de actos de habla ("decir", "contar"...), que es la segunda categoría con mayor frecuencia de ocurrencia; siendo los verbos de probabilidad ("pensar", "creer"...), seguidos por los verbos de actitud, los menos frecuentes.

Diversos estudios, han mostrado también que, dichas cláusulas son seguidas en mayor grado por verbos de intención seguidos éstos por los de causalidad[9], siendo los de comunicación ("acto de habla"), probabilidad y cognición los que ocurren con relativa menor frecuencia (menos de 0,26 veces por cada 1000 palabras). (Véase *figura 6*)

Figura 6: Distribución en Amenazas de verbos marcadores de posición con cláusulas de complemento.

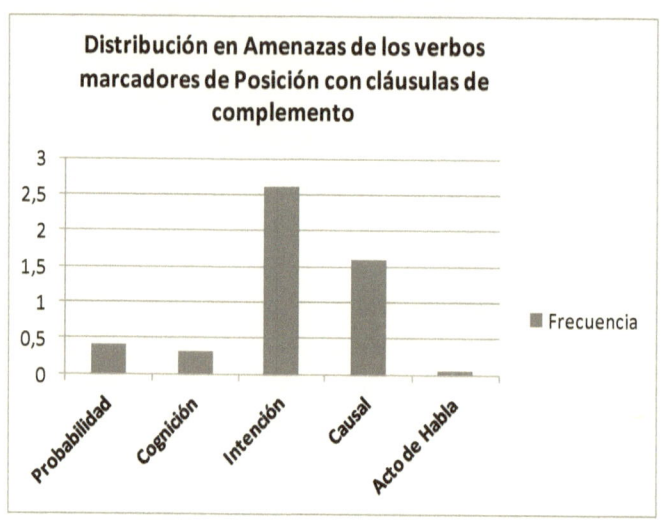

Gales, *T.A (2010)*. Frecuencia por 1000 palabras, N = 118

Si profundizamos en este punto, podemos ver cómo los verbos de intención, "pueden servir como órdenes indirectas interpersonales" (Biber, 2006), de manera similar a como ocurre en las amenazas, llevando al receptor de la misma a satisfacer una solicitud realizada por el sujeto autor de la amenaza. En

---

[9] Los verbos de intención y causalidad más frecuentes en amenazas, son *querer* y *tratar de/intentar*, respectivamente. Para más información, consúltese Tablas 3 y 4 en Anexo.

este sentido, los estudios muestran que aunque *querer*, *necesitar* y *gustar/desear* son los tres verbos más comunes que marcan la posición de las amenazas, *querer* ocurre con el triple de frecuencia que *necesitar* y *desear*.

Más concretamente, el verbo *querer* ocurre en aproximadamente el 20% de los casos después de una negación (por ejemplo, *no*) lo que, a nivel interpersonal, serviría para mitigar la amenaza de la acción a través del recurso de polaridad negativa[10] (Martin y White, 2003). Mitigación que se acentúa con el empleo adicional del pronombre en primera persona del singular *"yo"* que se da en más del 50% de las ocurrencias totales, en oposición a la segunda persona del singular *"tu"*, que se produce solo en el 8% de los casos, de tal modo que, el autor de la amenaza minimiza o mitiga su papel en dicha acción, aspecto este que se ha encontrado que es común en casos relacionados con el discurso de delincuentes sexuales (Lord et al., 2008).

No obstante, la categoría gramatical que marca la postura del autor en las amenazas, con mayor frecuencia que las cláusulas de complemento y los adverbios (ya mencionados), son, sin lugar a duda, los modales (y semi-modales). Estos verbos se dividen en tres categorías semánticas principales: posibilidad, predicción y necesidad.

---

[10] En lingüística, la polaridad se refiere a la presencia o ausencia de ciertas partículas gramaticales que realizan la negación. La polaridad de una oración enunciativa puede ser positiva o negativa.

Modales de Posibilidad son los que sugieren posibilidad (por ejemplo, *poder*, *podría*), ofrecen permiso (por ejemplo, *puede*), y demuestran la capacidad (por ejemplo, *poder*). *Modales de Necesidad*, son la categoría menos común en una variedad de registros y géneros (Biber et al, 1999; Biber, 2006) así como en las amenazas, como se ve en la *figura 7*. Son los que indican necesidad (por ejemplo, *necesitar*, *deber*) u obligación (por ejemplo, *se supone que*, *debería*) sobre la parte del hablante o el oyente. En esta categoría, las formas interpersonales *deber* y *tener que*, representan el 65%[11].

Finalmente, *Modales de Predicción*, que se han encontrado que son los más frecuente a través de una amplia gama de registros, géneros y variedades de lenguaje (Biber et al., 1999), son los que predicen eventos futuros posibles o previstos (por ejemplo, *será*, *ocurrirá*, *irá*). Estos últimos, como puede apreciarse en la *figura 7* son la categoría más frecuente en amenazas[12].

---

[11] El estudio realizado por Biber (2006), encontró que *debería*, se utiliza generalmente como una sugerencia en lugar de como un indicador de obligación, frente a *tener que*. En las amenazas, donde uno esperaría intuitivamente más órdenes que sugerencias, *debería* se produce el doble que *necesitar, o tener que*. Este uso parece mitigar el papel del autor de la amenaza, mientras que la amenaza parece ser presentada más como una sugerencia que como una petición o demanda obligatoria.

[12] Para más información, consúltese Tabla 4 en Anexo.

Figura 7: Distribución de verbos modales en amenazas.

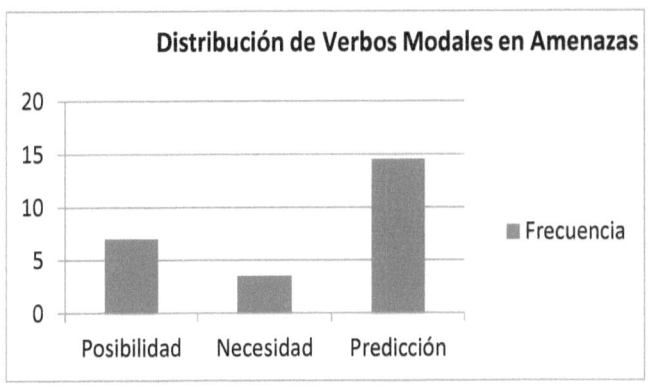

Gales, *T.A (2010)*. Frecuencia por 1000 palabras, N = 118

Si aún profundizamos más, encontramos que, de los verbos modales de posibilidad, *poder* representa el 60% en los casos de amenazas. Con frecuencia se observa su conjunción, en amenazas, con el verbo *ser* (ej: *puede ser*), que comprende aproximadamente el 20% del uso modal en esta clase. Esta función interpersonal pone de relieve el carácter hipotético de la acción amenazada, lo cual deja a los destinatarios cuestionando la intención subyacente del autor y si la amenaza se llevará a cabo (Napier y Mardigian, 2009).

En el caso de los modales de predicción, *ir* e *ir a*, comprenden el 70% de todos los casos de esta categoría, dentro de las amenazas. Más en concreto, cuando el verbo *ir* se acompaña de los pronombres *yo / nosotros* (el 26% de las veces), el emisor de la amenaza se presenta como aquel que tiene el control sobre sus propias acciones y/o sobre las de la víctima. Y si bien hay un componente predictivo, lo que convierte verdaderamente en amenazador un comunicado de este tipo, es el énfasis en el carácter volitivo de lo enunciado.

Del mismo modo, *ir* colocado con *usted o tú,* (el 18% de los casos), permite al emisor de la amenaza, a través de una actitud predictiva, de forma implícita, y no de forma explícita, afirmar el control sobre la víctima.

Por lo que respecta a los modales de necesidad, los estudios demuestran que *debería* y *tiene que* se producen con más frecuencia con el pronombre *tú* (29% de las veces), seguido por *yo / nosotros* (15% de los casos). Del mismo modo, como señala Gales (2010) se puede observar que *usted debería* y *usted tiene que,* a menudo se utilizan en situaciones en las que (a) existe una jerarquía de poder (por ejemplo, de estudiante a profesor) sin importar el anonimato del autor, (b) en los casos de difamación en la que el amenazador suaviza su tono con el fin de persuadir al destinatario para alinearse con su opinión negativa de la víctima difamada, y (c) en casos en los que un acosador, que es, en ocasiones, conocido de la víctima, espera congraciarse con ella, contribuyendo a la posibilidad de unas relaciones futuras. En todos los casos, el objetivo de "salvar el tipo", sería la función principal de estos modales.

Por otro lado, el empleo de las formas verbales más infrecuentes, *debe* y *necesita,* se utilizan para enfatizar un aspecto condicional de la amenaza cuando se colocan con el pronombre *usted,* (de modo que si la víctima no desea que la acción amenazada ocurra, deberá llevar a cabo algún tipo acción), o la justificación de la amenaza cuando va colocado con *yo / nosotros,* poniendo de manifiesto la falta de elección personal del autor de la amenaza, aspecto este que ayuda a reducir su papel.

A tenor de lo expuesto hasta el momento, podríamos señalar la existencia de una serie de aspectos que refuerzan el compromiso hacia la amenaza, haciendo su cumplimiento más probable, y una serie de aspectos que contribuirían a debilitarla, haciéndola menos creíble. Así, aquellos factores que pusieron énfasis en el nivel de certeza de la amenaza, demostraron control implícito o explícito sobre la víctima, y colocaron al autor y / o a la víctima en un papel activo, haciendo hincapié en una solicitud o reclamación previamente hecha por el autor de la amenaza, fueron considerados reforzadores de la amenaza; mientras que los que mitigaron el papel amenazador o responsabilidad en la amenaza, centrándose en la justificación de la misma, demostraron falta de control sobre la víctima, e hicieron hincapié en las acciones de forma condicional o hipotética, empleando un lenguaje educado para salvar las apariencias, y revelando compasión entre el amenazador y la víctima, reduciendo el autor el nivel de certeza sobre el cumplimiento de la acción amenazada a través de una polaridad negativa, fueron considerados debilitadores (Martin y Rose, 2003).

RESULTADOS Y CONCLUSIONES

Toda amenaza conlleva una intención, sobre la base de una motivación previa. Ya sea como forma de canalizar una venganza, como un modo de producir cambios en el entorno, o simplemente como un medio para llamar la atención; las amenazas son consideradas por su autor una herramienta útil para lograr sus objetivos, cualesquiera que estos fueren.

Evaluar, valorar y determinar hasta qué punto una amenaza es susceptible de llevarse a la práctica, resulta de vital importancia, no solo por las implicaciones que a nivel personal esto pudiera tener, sino también por las consecuencias que a nivel social se derivan. Sentimientos de indefensión y vulnerabilidad, percepción negativa de uno mismo y de su entorno, ruptura de los esquemas cognitivos previos sobre la existencia de un mundo seguro y una sociedad justa, son solo algunos de los efectos que una amenaza puede tener, ya haya sido esta manuscrita, mecanografiada o dactilografiada, realizada con composición de recortes o diseñada ex profeso.

Como ya se ha visto a lo largo de este libro, la escasez de estudios que permitan la elaboración de protocolos de actuación eficaces, junto con el pobre cuerpo escritural existente actualmente, y su falta de sistematización, son algunos de los problemas que hacen de la valoración y evaluación de las amenazas un objetivo harto complejo. Complejidad a la que habría que añadir las dificultades a la hora de extrapolar las conclusiones obtenidas en otros países con diferente lengua y cultura, a la nuestra.

Como puede apreciarse, mucho es el trabajo que aún queda por hacer en este campo, de vital importancia para prevenir y, en su caso, eliminar, el riesgo potencial que esta casuística supone, no solo para las personas, sino para la sociedad en su conjunto.

Herramientas eficaces, que den respuesta a las demandas de la sociedad, de manera rápida y adecuada a los recursos disponibles, se hacen acuciantes.

Como en toda investigación, existen muchos caminos para continuar. Los estudios sobre evaluación de amenazas son relativamente recientes, y las posibilidades que ofrece para continuar avanzando en esta materia son muchas y muy variadas.

Siguiendo lo apuntado por las diferentes investigaciones citadas a lo largo de este libro, así como por autores como Gales (2010), uno de los puntos de partida para continuar progresando en este área podría ser el campo de la lingüística forense, donde el trabajo sobre las comunicaciones de carácter amenazador está todavía en sus comienzos. Este campo puede ofrecer resultados sumamente interesantes. Una de las áreas para futuros estudios debería examinar la variación sociolingüística inherente a las amenazas. Puesto que el lenguaje se modifica según los condicionantes personales de quien lo emplea, el reconocimiento e identificación de las variedades en una misma lengua relacionadas con factores extralingüísticos (ubicación geográfica, edad, sexo, estrato social...), y el consiguiente modo de llevar a cabo la conducta de amenaza, podría resultar de gran ayuda a los profesionales en los casos de amenazas de autoría desconocida, donde las pistas lingüísticas son las únicas disponibles para comenzar la investigación.

En segundo lugar, el papel que la postura adoptada por el autor juega en las comunicaciones de amenaza, es un área que apenas se ha explorado aún. Los resultados obtenidos en los estudios analizados sugieren que hay diferencias muy interesantes entre patrones gramaticales de postura en los diferentes tipos de amenazas. Analizar de forma pormenorizada, como los autores utilizan los recursos lingüísticos para establecer relaciones, manejar el entorno, generar emociones, o establecer dinámicas de poder, puede permitirnos un conocimiento detallado de las motivaciones, intenciones, y, en última instancia, metodología de actuación empleada, que puede enriquecer nuestro conocimiento sobre las comunicaciones amenazantes. No debemos olvidar que la postura revela la cosmovisión que el autor tiene y su relación con el entorno (intereses, preocupaciones, hábitos, e incluso trastornos psicopatológicos).

Así, si bien las investigaciones sobre la evaluación de amenazas han experimentado grandes avances en los últimos veinticinco años, los profesionales cuyo trabajo implica analizar textos escritos para predecir el comportamiento violento siguen enfrentándose a un gran desafío, ya que son pocos los instrumentos efectivos, de probada validez y fiabilidad, desarrollados para evaluar la credibilidad y peligrosidad potencial que entrañan las declaraciones amenazantes.

Como ya hemos indicado, la fase inicial de evaluación consiste en determinar si la comunicación recibida, verdaderamente constituye una amenaza, e identificar de qué tipo es esta, ya que cada categoría implica diferentes niveles de peligrosidad. Concretamente, es necesario comprobar si se trata de una amenaza directa, proferida con un lenguaje explícito, velada o formulada con un lenguaje vago e impreciso, o bien condicional o sujeta a la realización de una demanda.

Uno de los mecanismos que permite a los profesionales determinar ante qué tipo de amenaza se encuentran, es el análisis de la postura, la cual, como hemos visto ya, supone un recurso muy valioso para obtener información acerca del autor, la posición social, el compromiso y la intención del mismo.

La postura puede expresarse a través de una amplia gama de herramientas léxicas y gramaticales que se utilizan con múltiples propósitos: negociar, ganar poder, demostrar compromiso, mostrar emoción, evidenciar seguridad y determinación, etc. Estas posturas son dialógicas, siempre dependientes del contexto.

Los estudios recogidos a lo largo del libro revelan que, a través del análisis conjunto de los tres marcadores gramaticales (adverbios, complementos y modales) en los textos amenazantes, se encontró que la posición de las formas de marcado y sus funciones correspondientes se pueden dividir en dos grupos principales de funciones relacionales de carácter interpersonal: uno que refuerza la postura del escritor y un segundo grupo que debilita su posición. De esta forma, por ejemplo, los autores de amenazas pueden fortalecer su papel con el uso de declarativos directos que utilizan la predicción modal, mientras que pueden debilitar su nivel de compromiso con el uso de verbos modales de posibilidad (Gales, 2010).

Estos sujetos, entonces, independientemente de su intención de llevar a cabo la amenaza, toman posturas que implican la violación o adherencia a las normas socialmente establecidas. Los autores pueden   demostrar una firme convicción y compromiso con el acto amenazado, mostrar control sobre el escenario y/o el método elegido, y exhibir un poder manifiesto sobre la víctima y; sin embargo, también pueden emplear un lenguaje atento y cortés, para salvar las apariencias, demostrar compasión por el objeto de su amenaza, y postularse a sí mismos como participantes pasivos en un acto externamente controlado al que se han visto abocados. Es decir, se presentan como ajenos a toda culpa, desplazando la responsabilidad hacia agentes de carácter externo.

Es evidente que, los emisores de amenazas (independientemente de su intención de hacerlas o no cumplir) utilizan una gran cantidad de estrategias para transmitir su visión del mundo, de sí mismo, y de los demás. De esta forma, al igual que todos los actores sociales, estas personas tienen acceso a una variedad de recursos semióticos, que son creados para fines diferentes y dependen del contexto. Lejos de lo que se cree, el hecho de que, invariablemente, los autores de amenazas mantienen posturas comprometidas hacia el cumplimiento de los actos violentos y actitudes de ira hacia las víctimas, es solo parcialmente cierto. Por ejemplo, la blasfemia para señalar el tono de enojo del amenazador se ha encontrado en solo un 24% de las amenazas mientras que el lenguaje de cortesía y compasión se presenta con mayor frecuencia. Así, mientras que los patrones funcionales pueden revelar ciertas posiciones del autor, el lenguaje de cada amenaza debe ser examinado individualmente dentro de su propio entorno culturalmente construido (Martin y Rose, 2003; Martin y White 2005).

El análisis minucioso de los discursos amenazantes, ha permitido observar cómo a través de su actitud, el emisor de los mismos muestra sus sentimientos personales hacia los demás, sus juicios acerca de los comportamientos proferidos o su actitud hacia el entorno.

Del mismo modo, a través de la graduación, se descubrió que la repetición léxica, semántica y metafórica ofrece un alto nivel de cohesión de la amenaza. En cada caso, se reveló la posición del autor de la amenaza sobre la víctima, el papel que este deseaba jugar en el acto de amenazar, y sus sentimientos y conductas personales (Halliday y Matthiessen, 2004).

Por otro lado, se encontró que los autores de amenazas, además de debilitar su posición a través de modales y verbos de posibilidad, también pueden hacerlo mediante preguntas retóricas, que abren su discurso para seguir debatiendo. En el caso contrario, las órdenes imperativas a la hora de cerrar el discurso y el fortalecimiento de las exigencias del amenazador se añaden a la lista de herramientas que fortalecen la posición de este, como los modales de necesidad y los adverbios de certeza.

Por lo tanto, se han revelado una amplia gama de

mecanismos retóricos que los autores de amenazas utilizan para crear su posición deseada durante la amenaza, ya sea para infundir miedo, justificar un acto de venganza o para obtener el control sobre la víctima. Como ya se ha indicado, cabe añadir que los autores de las amenazas utilizan el lenguaje de manera que refuerza o debilita su posición, pero esto no significa que aquellos que las lleguen a realizar y aquellos que no las llevan a cabo no puedan emplear ambos tipos de funciones (Preston, 2007).

Siguiendo la línea descrita a lo largo de este trabajo, y como ya hemos indicado, una vez se ha llegado a la conclusión que la comunicación supone una amenaza, se debe valorar si esta es creíble y viable y el grado de peligrosidad que conlleva. Para lograr este propósito se realiza un análisis minucioso de cada una de las partes elementales de la amenaza, así como de los rasgos lingüísticos contenidos en la declaración que supongan una manifestación de la postura del autor, lo que ayuda a revelar las características del mismo y el grado de intención de provocar daño.

Fruto de la necesidad de dar respuesta a estos objetivos, y en base a las aportaciones realizadas por diferentes autores, creemos necesario realizar una primera aproximación a lo que pudiera ser un protocolo de intervención en esta materia.

Así, pretendemos, como un primer paso en esta amplia área, realizar un listado de factores que los diferentes autores y profesionales de este campo han considerado representativos de cada categoría y han utilizado para asignar el nivel de probabilidad de que el autor de la amenaza finalmente la lleve a término.

Este listado pretende ser una primera aproximación a un protocolo que, consideramos, debería elaborarse para testar los escritos amenazantes de forma rápida y eficaz, de manera que los profesionales dedicados a la investigación de estos casos pudieran aplicarlo como una herramienta más en el desarrollo de su trabajo.

Partiendo de lo mencionado anteriormente, la idea fundamental es que, ante un comunicado amenazante, se compruebe qué criterios se cumplen para cada categoría, siendo mayor el nivel de peligrosidad asignado cuanto mayor sea el número de indicadores que se verifiquen y cuantos más detalles específicos se aporten sobre cada uno de ellos. Atendiendo a estos parámetros, se asignará un nivel de probabilidad de ejecución de la acción amenazada: bajo, medio o moderado y alto.

Como ya hemos desarrollado con anterioridad, y es necesario recordar, las amenazas de nivel bajo están contenidas en un mensaje desorganizado o absurdo, formulado con un lenguaje vago. Es común en estas amenazas el uso de oraciones condicionales y la escasez de detalles acerca de la víctima, así como del momento, el lugar y la forma en que se desarrollará la acción amenazada, que incluso puede resultar inverosímil.

Del mismo modo, las amenazas de nivel medio son más realistas y verosímiles, pero en ellas se observan ciertos aspectos que hacen dudar de su credibilidad. El lenguaje utilizado es más concreto y descriptivo, ofreciendo ciertos detalles sobre la víctima y la forma en que la amenaza se llevará a cabo. Asimismo, en este tipo de declaraciones se concreta el momento y el lugar en el que ocurrirá el incidente y se incluyen datos que evidencian la capacidad del autor de llevar a cabo la amenaza. Es habitual la utilización de expresiones que enfatizan la seriedad de la intención de provocar daño.

Por último, las amenazas de nivel alto destacan por su elevada credibilidad, debido a que incluyen multitud de detalles acerca de cómo se llevará a cabo la amenaza, que indican un gran nivel de planificación y conocimientos técnicos del autor para ejecutarla, además de especificar cuándo y cómo ocurrirá ésta, proporcionando un marco temporal y espacial concreto (lugar, día y hora exactos) y describiendo el método que se usará en el ataque. En estas amenazas el autor manifiesta un conocimiento detallado de la víctima y su estilo de vida y es habitual que la forma de entrega de la amenaza implique el acercamiento a esta. En los comunicados clasificados en este nivel, el compromiso del autor con su causa se evidencia en la cantidad de esfuerzo, tiempo y dinero invertido en la amenaza.

De este modo, consideramos necesario valorar y evaluar los siguientes aspectos, englobados en el listado recogido a continuación, así como sus marcadores lingüísticos:

Listado de factores a examinar en la evaluación de la amenaza

1.   Concreción de la amenaza/ descripción detallada de la acción amenazada

· El mensaje es organizado, práctico, razonable y lógico; refleja un plan altamente organizado, que evidencia una cuidadosa planificación.

· Proporciona detalles específicos sobre la forma en que se producirá el daño.

· Aporta detalles específicos sobre el método que se usará en el ataque.

· Concreta exactamente el plazo de tiempo (día y/o hora) en que ocurrirá el incidente.

· Proporciona detalles específicos sobre el lugar donde sucederá el incidente.

· Existen evidencias de que ha visitado y estudiado las características de ese lugar.

· El sujeto parece organizado y metódico, capaz de desarrollar y ejecutar un plan viable de ataque.

2. Evidencia de personalización/ conocimiento detallado y específico sobre la víctima

· Usa el nombre propio de la víctima.

· Conoce las direcciones del domicilio y/o empresa y/o negocio de la víctima (las menciona o entrega allí el comunicado amenazante).

· Conoce el número de teléfono del domicilio y/o su teléfono móvil.

· Manifiesta conocer el estilo de vida de la víctima

- Existen evidencias de conocimiento de las rutinas u horarios de la víctima o personas cercanas a ella (hijos, parejas, etc.).
- Conoce el tipo de vehículo propiedad de la víctima
- Menciona la ropa que ha llevado puesta la víctima en algún momento concreto.
- Menciona algún viaje que haya hecho la víctima (lugar y/o fecha).
- Menciona algún acontecimiento de su vida, del que pocas personas tengan constancia.

3. Nivel estimado de conocimientos técnicos que posee el autor para llevar a cabo su propósito:

- Existen indicios de que el sujeto ha analizado las medidas de seguridad que tendría que burlar para llegar hasta su objetivo, y tiene capacidad de subvertirlas.
- Proporciona detalles que evidencian su conocimiento sobre armas, artefactos, o cualquier método para ejecutar la amenaza (sustancias tóxicas, explosivos, propagación de virus informáticos, etc.).
- Existen indicios en el texto de que se ha informado sobre acciones realizadas por otros autores, similares a la que está planeando, y sobre las consecuencias que tuvieron éstas.

4. Cantidad y grado de rabia o de frustración expresado en la comunicación:

· Describe gráficamente actos violentos o desagradables.

· Utiliza un lenguaje despectivo o peyorativo para referirse a la víctima.

· Realiza algún tipo de ataque personal a la víctima.

· Menciona algún comportamiento por el que la víctima deba ser castigada.

· Culpa al destinatario de la amenaza por algún agravio o injusticia del que se considera víctima.

· Relata haber experimentado una pérdida reciente o pérdida de su estatus o condición.

5. **Nivel de compromiso potencial del autor**

· Existen indicios de que el autor ha invertido gran cantidad de tiempo en la amenaza.

· Constan indicios de que el autor ha invertido gran cantidad de esfuerzo en la amenaza.

· Existen indicios de que ha invertido gran cantidad de dinero en la amenaza.

6. **Escalada de intensidad de la amenaza**

· Se ha observado un incremento en la frecuencia de envío de comunicados amenazantes.

· Las formas de entrega son cada vez más cercanas a la víctima.

- El mensaje se ha introducido en el buzón de la víctima o ha sido entregado en la propia puerta de su casa.
- El lenguaje amenazante se ha vuelto más duro y explícito.
- Han aumentado los indicadores de personalización en los comunicados.

7. Ocurrencia de eventos complementarios a las comunicaciones amenazantes:
- La víctima ha recibido, además, llamadas telefónicas amenazadoras.
- La víctima ha recibido paquetes con contenidos extraños.
- La víctima ha sufrido incidentes de vandalismo (en su casa, coche o cualquier propiedad).
- Su mascota ha sido envenenada.

8. Nivel de sofisticación criminal (especialmente en casos de amenazas condicionales):
- El sujeto ha preseleccionado y preparado un escenario de entrega complejo.
- Hay indicios de que ha preparado un plan de huida.
- Ha establecido futuros medios de comunicación con la víctima.
- Ha establecido fechas límites para sus demandas.

Manifestaciones lingüísticas de los factores inherentes al lenguaje amenazante:

- **Concreción /grado de especificidad de la amenaza.**
  - Adverbios de tiempo para estipular el plazo y especificar cuándo ocurrirá el incidente.
  - Gran número de verbos altamente descriptivos para describir la amenaza.
  - Verbos modales que expresan obligación (debes, tienes que...) cuya función es fortalecer la postura del autor.
  - Uso de sustantivos e imperativos que describen explícitamente las medidas que deben adoptarse.
  - Verbos modales de predicción (será, ocurrirá, irá...).

- **Personalización o enfoque en la víctima**
  - Enfoque en la víctima a través del uso de pronombres en segunda persona.
  - Enfoque en la víctima a través de la repetición de su nombre.
  - Mención de direcciones, teléfonos, propiedades, rutinas, horarios, etc.

- **Disposición furiosa o expresión de rabia o frustración**
  - Elevado número de adverbios de negación: no, nunca, jamás, tampoco.

- Gran cantidad de verbos para describir los comportamientos por los que la víctima debe ser castigada.
- Empleo de referencias directas.
- Gran cantidad de palabrotas, insultos u obscenidades.
- Lenguaje que denota desesperanza y desesperación.
- Enfoque en sí mismo como la víctima de un agravio a través de pronombres en primera persona.

- **Compromiso: indicadores de fortalecimiento de la postura del autor**
  - Adverbios de certeza (nunca, realmente, siempre...).
  - Verbos modales de certeza (saber, conocer, entender, comprender...).

BIBLIOGRAFÍA

- Bakhtin, M. M. (1981). *The dialogic imagination: Four essays*. Austin, TX: The University of Texas Press
- Baumgartner, J. V., Scalora, M. J., y Plank, G. L. (2001). Case characteristics of threats toward state government targets investigated by a Midwestern state. Journal of Threat Assessment, 1, 41-60.
- Bednarek, M. (2006). *Evaluation in media discourse: Analysis of a newspaper corpus*. New York, NY: Continuum.
- Biber, D., Johansson, S., Leech, G., Conrad, S., and Finegan, E. (1999). *Longman grammar of spoken and written English*. London: Longman.
- Biber, D. (2006). *University language: A corpus-based study of spoken and written registers*. Amsterdam: John Benjamins.
- Bourdieu, P. (1991). *Language and symbolic power*. Cambridge, MA: Harvard University Press.
- Bucholtz, M. (2009). From stance to style: Gender, interaction, and indexicality in Mexican immigrant youth slang. In A. Jaffe (ed.) *Stance: Sociolinguistic perspectives* (pp. 146-170). Oxford: Oxford University Press.
- Calhoun, F. S. (1998). Hunters and howlers: Threats against the federal udiciary in the United States, 1789-1993. (USMS Publication No. 80). Washington, DC: U.S. Department of Justice.
- Coggins, M. H., Steadman, H. J., y Veysey, B. M. (1996). Mental health clinicians" attitudes about reporting

threats against the President. Psychiatric Services, 47, 832-836.

- Cornell, D. G., Sheras, P. L., Kaplan, S., McConville, D., Douglass, J., Elkon, A., et al. (2004). Guidelines for student threat assessment: Field-test findings. School Psychology Review, 33, 527-546.

- Davis, D. A. (1997). Threats pending fuses burning: Managing workplace violence. Palo Alto, CA: Davies-Black Publishing.

- Davies, B. y Harré, R. (1990) Positioning: The social construction of selves. Journal for the Theory of Social Behaviour, 20, 43-63.

- Dietz, P. E., Matthews, D. B., Martell, D. A., Stewart, T. M., Hrouda, D., R., y Warren, J. (1991). Threatening and otherwise inappropriate letters to members of the United States Congress. Journal of Forensic Sciences, 36, 1445-1468.

- du Bois, J. W. (2007). The stance triangle. In R. Englebretson (Ed.) Stancetaking in discourse: Subjectivity, evaluation, interaction (pp. 139-182). Philadelphia, PA: John Benjamins.

- Einhorn, B. J. (1992). Political asylum in the ninth circuit and the case of Elias-Zacarias. San Diego Law Review, 29, 597.

- Fairclough, N. (2003). Analysing discourse: Textual analysis for social research. New York, NY: Routledge.

- Fein, R. A., y Vossekuil, B. (1998). Protective intelligence and threat ssessment investigations: A guide for state and local law enforcement officials. Washington, DC: U.S. Department of Justice.

- Fitzgerald, J. (2007). The FBI's Communicated Threat Assessment Database: History, design, and implementation. FBI Law Enforcement Bulletin, February 76(2), 1-21.

- Fraser, B. (1998). Threatening revisited. *Forensic Linguistics, 5*(2), 159-173.
- Gales, *T.A (2010). Ideologies of Violence: A Corpus and Discourse Analytic Approach to Stance in Threatening Communications. California.* University Of California.
- Halliday, M. A. K. y Matthiessen, C. M. I. M. (2004). *An introduction to functional grammar, 3rd edition.* London: Arnold.
- Hanks, W. (2000). *Intertexts: Writings on language, utterance, and context.* Lanham, MD: Rowman and Littlefield Publishers
- Hermann, M. G. (2003). Assessing leadership style: Trait analysis. In J. M. Post (Ed.), *The psychological assessment of political leaders with profiles of Saddam Hussein and Bill Clinton* (pp. 178-212). Ann Arbor, MI: the University of Michigan Press.
- Kiesling, S. F. (2004). Dude. *American Speech, 79*(3), 281-305.
- Lord, V. B., Davis, B., y Mason, P. (2008). Stance-shifting in language used by sex offenders: Five case studies. *Psychology, Crime and Law, 14*(4), 357-379.
- Martin, J. R. y Rose, D. (2003). *Working with discourse: Meaning beyond the clause.* New York, NY: Continuum.
- Martin, J. R. y White, P. R. R. (2005). *The language of evaluation: Appraisal in English.* New York, NY: Palgrave/Macmillan.
- Napier, M. y Mardigian, S. (2003). Threatening messages: The essence of analyzing communicated threats. *Public Venue Security, September/October*, 16-19.
- Preston, D. (2007). The uses of folk linguistics. *International Journal of Applied Linguistics, 3*(2), 181-259.

- Rugala, E. y Fitzgerald, J. (2003). Workplace violence: From threat to intervention. *Clinics in Occupational and Environmental Medicine, 3*, 775-789.

- Scalora, M. J., Baumgartner, J. V., y Plank, G. L. (2003). The relationship of mental illness to targeted contact behavior toward state government agencies and officials. Behavioral Sciences and the Law, 21, 239-249.

- Schoeneman-Morris, K. A., Scalora, M. J., Chang, G. H., Zimmerman, W. J., y Garner, Y. (2007). A comparison of email versus letter threat contacts toward members of the United States Congress. Journal of Forensic Sciences, 52, 1142-1147.

- Smith, S. (2006). *From violent words to violent deeds? Assessing risk from threatening communications.* Ph.D. dissertation. Georgetown University.

- Shuy, R. (1993). *Language crimes: The use and abuse of langauge evidence in the courtroom.* Cambridge, MA: Blackwell.

- Turner, J. T., y Gelles, M. G. (2003). *Threat assessment: A risk management approach.* New York, NY: Haworth Press.

- van Leeuwen, T. (1996). The representation of social actors. In C. R. Caldas-Coulthard y M. Coulthard (Eds.) *Texts and practices: Readings in critical discourse analysis* (pp. 32-70). New York, NY: Routledge.

ANEXOS

Tabla 2. Resumen de las formas adverbiales que se encuentran en las amenazas y sus funciones

Categoría semántica	Formas más frecuentes	Funciones (postura)
Certeza	Nunca, realmente, siempre	Certeza sobre la amenaza Creencia en la realidad de la amenaza Certeza sobre la justificación de la amenaza Creencia en la realidad de la justificación de la amenaza
Certeza	Nunca	Mitigación de la responsabilidad del amenazador

Tabla 3. Verbos más frecuentes de marcado de posición.

Categoría Semántica	Formas más frecuentes
probabilidad	parecer aparecer
cognición / percepción	esperar
intención / deseo	querer
causalidad / esfuerzo	tratar de/intentar
actos de habla / comunicación	preguntar / decir

Tabla 4. Verbos modales más frecuentes en Amenazas.

Categoría Semántica	Formas más frecuentes
posibilidad / predicción / capacidad	poder podría puede
necesidad / obligación	debería tener que deber necesitar
predicción / volición	ocurrirá haría se va a

SOBRE LOS AUTORES

Ana Isabel Álvarez Aparicio. Licenciada en Psicología en la Especialidad de Clínica por la Universidad Complutense de Madrid. Máster en Psicología Clínica, Máster en Psicología Clínica y de la Salud, Máster en Psicología Forense y Penitenciaria, Máster en Ciencias Forenses e Investigación Criminal, por la Universidad Autónoma de Madrid. Analista Criminal y Experta en Crisis, Urgencias, Emergencias y Catástrofes. Perito Grafólogo y Calígrafo Judicial.

Luís Gil Tosco: Licenciado en Psicología en la Especialidad de Educativa por la Universidad de La Laguna. Máster en Investigación Criminal por la Universidad Autónoma de Madrid. Experto en Psicología Forense y Analista Criminal.

Jana Mena González. Licenciada en Psicología en la especialidad de Clínica por la Universidad Autónoma de Madrid. Máster en Análisis e Investigación Criminal, en el Instituto de Ciencias Forenses y de la Seguridad (Universidad Autónoma de Madrid).